CP/CE1
cycle 2

# Le bonhomme de pain d'épice

## et autres histoires

**Le bonhomme de pain d'épice**
Conte traditionnel anglais

**Un roi tout nu**
Bruno Gibert

**Gros Mensonge**
Bernard Gallent

**Jack et le Haricot magique**
Conte traditionnel anglais

Notes de **Pascal Dupont**
Formateur
IUFM Midi-Pyrénées

hachette
ÉDUCATION

**Édition** : Véronique Bourgain
**Fabrication** : Isabelle Simon-Bourg
**Illustrations** : Pascal Debacque, Bruno Gibert, Ghyslaine Vaysset, Sylvie Rainaud
**Création de la couverture** : Estelle Chandelier
**Réalisation de la couverture** : Estelle Chandelier
**Maquette intérieure** : Laurent Carré, Michaël Funck
**Réalisation** : Créapass Paris
**Relecture** : Jean-Pierre Leblan
**Photogravure** : Nord Compo

hachette s'engage pour l'environnement en réduisant l'empreinte carbone de ses livres. Celle de cet exemplaire est de :
550 g éq. $CO_2$
Rendez-vous sur www.hachette-durable.fr

PAPIER À BASE DE FIBRES CERTIFIÉES

*Le Bonhomme de pain d'épice* de Charlotte Voake, recueilli dans *Les Trois Petits Cochons et autres contes*, traduction Marie Farré, © Éditions Gallimard.
*Jack et le Haricot magique*, recueilli dans *Mes Grands Contes classiques*, © Nathan.
*Un roi tout nu* de Bruno Gibert, © Éditions Autrement, © Hachette Livre pour la présente édition.

ISBN : 978-2-01-117344-7


58, rue Jean Bleuzen, CS 70007, 92178 Vanves Cedex
www.hachette-education.com

# AVANT-PROPOS

## De la littérature, pour quoi faire ?

Le cycle 2, cycle des apprentissages fondamentaux, est le moment où se construit le socle de la réussite scolaire. Il doit permettre à chaque élève d'accéder à la lecture et à l'écriture tout en se familiarisant avec leur dimension culturelle sans laquelle tout apprentissage demeurerait décontextualisé et vide de sens. Ouvrir aux enfants la porte de la littérature, c'est les introduire dans des univers imaginaires, leur permettre de répondre à des questions existentielles à travers des œuvres de fiction, susciter leur curiosité et leur appétit d'apprendre.
À partir de ces références littéraires, les élèves se constitueront des premiers repères qui entreront en résonance avec les expériences et les lectures à venir.

## Quelles œuvres choisir ?

Le bibliobus Hachette propose aux jeunes lecteurs des œuvres intégrales de littérature de jeunesse propres à nourrir leur réflexion, à faire naître des interrogations, et qui sont adaptées à leur connaissance de la langue, à leurs compétences de lecture et de compréhension.
Elles ont été choisies parmi les œuvres du patrimoine, le fonds de littérature de jeunesse des Éditions Hachette Jeunesse, Rageot Éditeur et des manuscrits inédits.

## Devenir lecteur

Dans le prolongement de l'école maternelle, la lecture régulière de contes, d'albums et de premiers romans destinés aux jeunes enfants

est un élément décisif de la construction d'un comportement de lecteur.
Il convient donc, avant tout, d'écouter et de lire beaucoup d'histoires.
L'enseignant conduit les élèves à reformuler le texte, à en repérer les étapes, à tenter d'anticiper, à débattre de son contenu.
Il les aide à tisser des liens entre l'œuvre abordée et d'autres récits.

## La littérature à l'école

Apprendre à lire, c'est mettre en jeu en même temps deux compétences très différentes : identifier des mots et comprendre un texte.
Le plus souvent, les apprentis lecteurs ne maîtrisent pas encore suffisamment les automatismes du déchiffrage pour accéder seuls à des œuvres posant de véritables problèmes de compréhension.
Les manuels d'apprentissage reflètent cette situation en ne proposant que des textes courts et peu complexes sur le plan narratif.
Il est donc nécessaire de présenter, en complément des supports d'apprentissage, des œuvres de littérature de jeunesse pour développer les compétences et les stratégies de compréhension.
Les nombreuses lectures à haute voix des enseignants, parents, médiateurs du livre, favoriseront l'accès de chaque enfant au monde de l'écrit. L'habitude de fréquenter des livres deviendra progressivement une culture.

**Pascal Dupont**
Formateur à l'IUFM Midi-Pyrénées

Conte traditionnel anglais

# Le Bonhomme de pain d'épice

Illustré par Pascal Debacque

Il était une fois un petit vieux et une petite vieille qui habitaient une vieille petite maison.
Comme ils n'avaient pas d'enfants, un jour, la petite vieille fabriqua un petit garçon de pain d'épice et le mit à cuire au four.

**un pain d'épice :** un gâteau sucré au miel et parfumé d'épices

Quand le bonhomme fut cuit, la petite vieille ouvrit la porte du four mais il en sortit d'un bond, traversa vite la cuisine, quitta la vieille petite maison et galopa le long du sentier.

**d'un bond :** d'un seul saut

**galoper :** courir très vite

« Arrête, arrête ! cria la petite vieille en le poursuivant.
– Arrête, arrête ! » cria le petit vieux en la poursuivant.
Mais le petit garçon de pain d'épice répliqua en riant :
« Courez, trottez, galopez...
Ce n'est pas vous qui attraperez
Le bonhomme de pain d'épice ! »

**répliquer :** répondre

**trotter :** marcher vite à petits pas

Le petit garçon de pain d'épice courut, courut et il rencontra une vache.
« Arrête, bonhomme de pain d'épice ! dit la vache. Je veux te manger. »
Mais le petit garçon de pain d'épice répliqua en riant :

« J'ai échappé au petit vieux et à la petite vieille, et tu ne me fais pas peur !
Cours, trotte, galope...
Ce n'est pas toi qui attraperas
Le bonhomme de pain d'épice ! »
La vache trotta et galopa mais ne réussit pas à le rattraper.

Mais le petit garçon de pain d'épice courut, courut et il rencontra un cheval.
« Arrête, bonhomme de pain d'épice ! dit le cheval. Je veux te manger. »

Mais le petit garçon de pain d'épice répliqua en riant :
« J'ai échappé au petit vieux et à la petite vieille, et à la vache, et tu ne me fais pas peur !
Cours, trotte, galope...
Ce n'est pas toi qui attraperas
Le bonhomme de pain d'épice. »
Le cheval trotta et galopa mais ne réussit pas à le rattraper.

**le foin :**
de l'herbe sèche
que l'on donne
à manger
aux animaux

Le petit garçon de pain d'épice courut, courut et il rencontra des paysans qui coupaient du foin dans un champ.
« Arrête, bonhomme de pain d'épice ! dirent les paysans.
Nous voulons te manger. »
Mais le petit garçon de pain d'épice répliqua en riant :
« J'ai échappé au petit vieux, à la petite vieille, au cheval et à la vache, et vous ne me faites pas peur.
Courez, trottez, galopez...
Ce n'est pas vous qui attraperez
Le bonhomme de pain d'épice. »

Le petit garçon de pain d'épice courut, courut et il rencontra un renard.
« Arrête, bonhomme de pain d'épice ! dit le renard. Je veux te manger. »
Mais le petit garçon de pain d'épice répliqua en riant :
« J'ai échappé au petit vieux, à la petite vieille, à la vache et au cheval, et aux paysans, et tu ne me fais pas peur.
Cours, trotte, galope...
Ce n'est pas toi qui attraperas
Le bonhomme de pain d'épice.

– Oh si, je t'attraperai, dit le renard malin. Attends un peu. »

Le petit garçon de pain d'épice courut, courut et s'arrêta devant une rivière. Le renard se glissa derrière lui.

**murmurer** : parler à voix basse

« Saute sur ma queue, bonhomme de pain d'épice, murmura le renard. Je serai heureux de te faire traverser. »

Ainsi fit le petit garçon de pain d'épice. Et le renard se mit à traverser la rivière à la nage.

Quand il s'enfonça dans l'eau, le renard tourna la tête :
« Tu es trop lourd pour ma queue, bonhomme de pain d'épice, j'ai peur que tu ne te mouilles. Saute plutôt sur mon dos. »
Ainsi fit le petit garçon de pain d'épice.

Au milieu de la rivière, le renard tourna encore la tête :
« Tu vas te mouiller sur mon dos, bonhomme de pain d'épice, murmura-t-il. Saute plutôt sur ma tête. »
Ainsi fit le petit garçon de pain d'épice.

Ils avaient presque traversé la rivière, quand le renard lui susurra : « Tu es trop lourd pour ma tête, bonhomme de pain d'épice. Saute plutôt sur mon nez. »
Ainsi fit le petit garçon de pain d'épice.

**susurrer :** chuchoter

**la berge :**
le bord de la rivière

**crunch crunch :**
bruit que fait le pain quand on le croque

Dès que le renard eut atteint la berge, il renversa la tête et crunch crunch !

« Oh, mon Dieu ! soupira le petit garçon de pain d'épice. J'ai bien peur d'avoir perdu un quart de ma personne !

– Crunch crunch ! continuait le renard.

– Oh, mon Dieu ! soupira le petit garçon de pain d'épice. J'ai bien peur d'avoir perdu les trois quarts de ma personne.

– Crunch crunch gloup ! » fit le renard.

Et le petit bonhomme de pain d'épice ne prononça plus un mot.

Bruno Gibert

# Un roi tout nu

**brûlant :**
très chaud

« Ah ! quelle chaleur ! »
gémissait le lion sous sa crinière.

**gémir :**
pousser de petits cris plaintifs

En se grattant
– ça alors ! –,
il découvrit une
fermeture Éclair.

Le lion cacha sa peau
dans un buisson...

**une fermeture Éclair :**
fermeture à glissière d'un vêtement

… et s'en alla se promener.
« Me voici comme ça plus à mon aise ! »

**être à son aise :**
se sentir bien, ne pas être gêné

En chemin, il rencontra un rhinocéros
et un éléphant.
« Regarde-moi ce chat en culotte !
dit le premier.

**un rhinocéros :**
grand mammifère sauvage d'Afrique ou d'Asie, à la peau épaisse et qui porte une ou deux cornes sur le museau

– Hi hi ! très drôle ! »
fit le second.

Plus loin,
d’autres animaux
se moquèrent de lui.

*(à part)*
« Ma parole, ces stupides bêtes ne me reconnaissent pas !

*(bien haut)*
JE SUIS VOTRE ROI ! »

**stupide :**
idiot

Mais quand il voulut **rugir**, seul un petit **miaulement** sortit de sa gorge.

**rugir :**
pousser un rugissement, un cri de lion

**un miaulement :**
le cri du chat

Et devant les gazelles et les zèbres
qu'il avait tant chassés,

**une gazelle :**
une petite antilope d'Afrique ou d'Asie

il préféra s'enfuir.
« AU SECOURS ! À MOI !
Quel cauchemar ! »

**un cauchemar :**
un mauvais rêve

Le lion, alors, voulut reprendre sa fourrure…

MALHEUR !
elle avait disparu !

Toute la nuit, il se lamenta :
« HOU ! HOU ! avant, j'étais roi.

**se lamenter :**
se plaindre, pleurnicher

Par ma faute, me voici
maintenant bien **misérable**. »

**misérable :**
malheureux

Au matin, un gros et
gras lion s'approcha.
« Par pitié ! implora le roi tout nu,
épargnez-moi et je ferai
tout ce que vous
voudrez !

**par pitié :**
s'il vous plaît, de grâce

**épargner quelqu'un :**
le laisser en vie

– Très bien ! dit le gros et gras lion. Promets-moi alors que tu ne mangeras plus que des biscuits pour chien, des artichauts, de la dinde et du gruyère râpé.

– Heu… je te le promets !

**un artichaut :**
un légume vert dont on mange la base des feuilles

**une dinde :**
une grosse volaille de basse-cour que l'on mange souvent à Noël

– Alors, tiens ! voilà ta peau ! »

Bernard Gallent

# Gros Mensonge

saynète pour deux personnages

Illustré par Ghyslaine Vaysset

*Une maman, ce matin, vient réveiller son garçon.*

LA MAMAN

Bonjour, mon garçon.

LE GARÇON

Bonjour, m'man.

LA MAMAN

Comment vas-tu, ce matin ?

LE GARÇON

Ben, pas si bien que ça !

LA MAMAN

Ah oui ? Que t'arrive-t-il ?

LE GARÇON

C'est que j'ai très mal au ventre !
Aïe aïe aïe !

**faire la grimace :** montrer que l'on a mal

*Le garçon se touche le ventre et fait la grimace.*

LA MAMAN

Mal au ventre ?

LE GARÇON

Oui. Très mal au ventre. Aïe aïe aïe !

LA MAMAN

C'est très ennuyeux, ça, mon petit.

LE GARÇON

Très ennuyeux ?

LA MAMAN

Oui, très ennuyeux…

LE GARÇON
T'inquiète pas, m'man, j'ai qu'à pas aller à l'école.

*La maman se frotte le menton et secoue la tête.*

LA MAMAN

Tu resterais au lit ?

LE GARÇON

Oui oui, m'man. Je resterai au lit.

LA MAMAN

Tu crois vraiment, mon petit ?

LE GARÇON

Oui oui, m'man. T'en fais pas…

LA MAMAN

Tout de même, une journée entière…

LE GARÇON

C'est pas grave, m'man. J'ai tellement mal !

*La maman passe la main dans les cheveux de son garçon.*

LA MAMAN

Ah, si tu as si mal, tu es bien obligé…

LE GARÇON

Oui, m'man. Aïe aïe aïe !

LA MAMAN

Tant pis si je ne peux pas t'emmener…

LE GARÇON

Tant pis, m'man. Je vais rester au chaud.

LA MAMAN

Bien. J'irai donc toute seule.

LE GARÇON

Oui, va toute seule. Je serai sage.

*La maman se lève et s'éloigne du lit.*

LA MAMAN

Vraiment, tu ne regretteras pas ?

LE GARÇON

Non non, m'man. Un jour, c'est pas bien long.

LA MAMAN

Tout de même, pendant que je serai au cinéma…

*Le garçon se redresse sur son lit, tout étonné.*

**se redresser :** se relever *(dans le lit)*

LE GARÇON
Au cinéma, m'man ?

LA MAMAN
Oui, j'avais envie d'aller au cinéma.

LE GARÇON
Toute seule ?

LA MAMAN
Je pensais t'emmener…

LE GARÇON
M'emmener au cinéma ?

LA MAMAN
Oui. Je me disais que tu serais content.

LE GARÇON

On n'a qu'à y aller tous les deux demain, alors.

LA MAMAN

Ah non, demain, il y a école.

*Le garçon se gratte la tête. Il ne comprend plus rien.*

LE GARÇON

Il y a école, demain ?

LA MAMAN

Oui, mon petit. Demain, c'est lundi.

LE GARÇON

Demain… lundi… Mais alors… aujourd'hui, c'est…

LA MAMAN

C'est dimanche. Bon, repose-toi bien, mon garçon. Tu as si mal au ventre !

LE GARÇON

J'ai déjà moins mal, m'man.

LA MAMAN

Non non, mon garçon. Si tu as mal, il faut te reposer.

LE GARÇON

J'ai déjà beaucoup moins mal, m'man.

LA MAMAN

Tout de même, je te dis, il faut dormir un peu.

*Le garçon pâlit, se tord les mains et ne sait plus quoi dire.*

LE GARÇON

J'ai plus mal du tout, m'man !

LA MAMAN

Ah, tant mieux, mon garçon. Mais ça pourrait revenir.

LE GARÇON

Non, m'man. C'est tout à fait passé. J'ai plus mal du tout !

LA MAMAN

Avec les maux de ventre, il faut se méfier.

**un mal (des maux) :** une douleur physique

LE GARÇON

Je te dis que ça va très bien, maintenant, m'man !

LA MAMAN

Sans doute, mais si ça recommençait pendant le film ?

LE GARÇON
Je suis sûr que je suis tout à fait guéri, m'man.

*Le garçon saute sur ses pieds et sourit largement pour montrer sa bonne santé retrouvée.*

LA MAMAN

Bon, tant mieux. Mais je préfère te garder au chaud.

LE GARÇON

Non non. Allons au cinéma, m'man !

LA MAMAN

Je n'en ai plus envie. S'il t'arrivait quelque chose ?

LE GARÇON

Il ne m'arrivera rien, m'man.

LA MAMAN

Tout de même. Je préfère rester ici et t'aider à faire tes devoirs.

LE GARÇON
À faire mes devoirs ?

LA MAMAN

Oui, à faire tes devoirs. Tu ne les as pas encore faits.

LE GARÇON

Ah, c'est que, m'man, je…

LA MAMAN

Je t'écoute, mon garçon.

*Le garçon se gratte la tête. Il cherche une solution.*

LE GARÇON

C'est que j'ai à nouveau... un petit peu mal au ventre, m'man.

LA MAMAN

Tu vois, le mal de ventre, ça revient souvent. J'avais raison.

LE GARÇON

Un peu mal, comme tout à l'heure. Aïe aïe aïe !

LA MAMAN

C'est très ennuyeux, ça, mon petit.

LE GARÇON

Oh oui, m'man. C'est très embêtant ! Aïe aïe aïe !

LA MAMAN

Ah oui ! Surtout que j'avais fait une bonne tarte aux cerises pour le déjeuner !

*Le garçon se lèche les babines et se frotte le ventre.*

**se lécher les babines :** se réjouir à l'avance de manger quelque chose que l'on adore

LE GARÇON

Chouette ! Une tarte aux cerises ! J'adore !

LA MAMAN
Tu adores ça, je sais, mais quand on souffre du ventre, mon petit…
LE GARÇON
Au contraire, m'man. Je sens que ça me ferait du bien…
LA MAMAN
Tu te trompes, mon garçon. Dans la tarte, il y a de l'œuf…
LE GARÇON
Je laisserai l'œuf, m'man !
LA MAMAN
On ne peut pas. Il est noyé dans le lait…

LE GARÇON

Je laisserai le lait, m'man !

LA MAMAN

**mêlé :** mélangé

Impossible. Il est mêlé à la farine…

LE GARÇON

J'écarterai la farine, m'man !

LA MAMAN

Difficile. Il y a aussi le sucre…

LE GARÇON

Je gratterai le sucre, m'man !

LA MAMAN

Sois raisonnable, mon petit. J'ai tout mélangé, tu le sais bien…

SUCRE
LAiT
FARINE

*Le garçon se gratte à nouveau la tête.*

LE GARÇON

Alors, m'man, qu'est-ce qu'on peut faire ?

LA MAMAN

Je vais te préparer un petit quelque chose rien que pour toi.

LE GARÇON

Rien que pour moi ?

LA MAMAN

Oui. Un petit menu tout spécial.

LE GARÇON

Tout spécial ?

LA MAMAN

Oui. Quelque chose sans œuf, sans lait, sans farine et sans sucre.

LE GARÇON

Avec des cerises ?

LA MAMAN

Non. Avec de bons légumes. Un bon bouillon de carottes et de poireaux.

**un bouillon :** une soupe que l'on obtient en faisant bouillir des légumes dans l'eau

*Le garçon se frotte à nouveau le ventre.*

LE GARÇON

J'ai plus mal du tout, m'man.

LA MAMAN

Tant mieux. Nous n'aurons pas besoin de ce bouillon.

LE GARÇON

Ah ! Je suis bien content moi aussi.

LA MAMAN

Et nous pourrons faire les devoirs pour lundi.

LE GARÇON

Faire les devoirs ?

LA MAMAN

Oui. Et ce soir, si tout se passe bien, nous mangerons la tarte tous ensemble.

LE GARÇON

Avec les cerises ?

LA MAMAN

Oui. À condition que les devoirs soient bien faits.

*Le garçon réfléchit en faisant la grimace.*

LE GARÇON

Bon, m'man. Mais je sens encore un petit gratouillis.

**un gratouillis :** une petite démangeaison

LA MAMAN

Tu es bien sûr ?

LE GARÇON

Oui, m'man. Ça gargouille un peu là-dedans.

**gargouiller :** faire un bruit qui ressemble à celui d'un liquide

LA MAMAN

Juste un petit gargouillis ?

LE GARÇON

Oui, m'man. Un gargouillis, c'est tout !

LA MAMAN

Tant mieux. J'avais peur que tu aies un début d'appendicite.

**une appendicite :** une inflammation de l'appendice

*Le garçon bondit sur ses pieds.*

LE GARÇON

D'appendicite ?

LA MAMAN

Oui. Et qu'on soit obligé de t'emmener à l'hôpital !

LE GARÇON

À l'hôpital ?

LA MAMAN

Oui. Et que le chirurgien doive te faire un petit trou dans le ventre !

LE GARÇON

Un petit trou dans le ventre ?

LA MAMAN

Oui. Pour te couper l'appendice !

**l'appendice :** une petite poche allongée au bout du gros intestin dans l'estomac

LE GARÇON

Me couper l'appendice ?

LA MAMAN

Oui. Et qu'ensuite il faille te recoudre !

LE GARÇON

Me recoudre ?

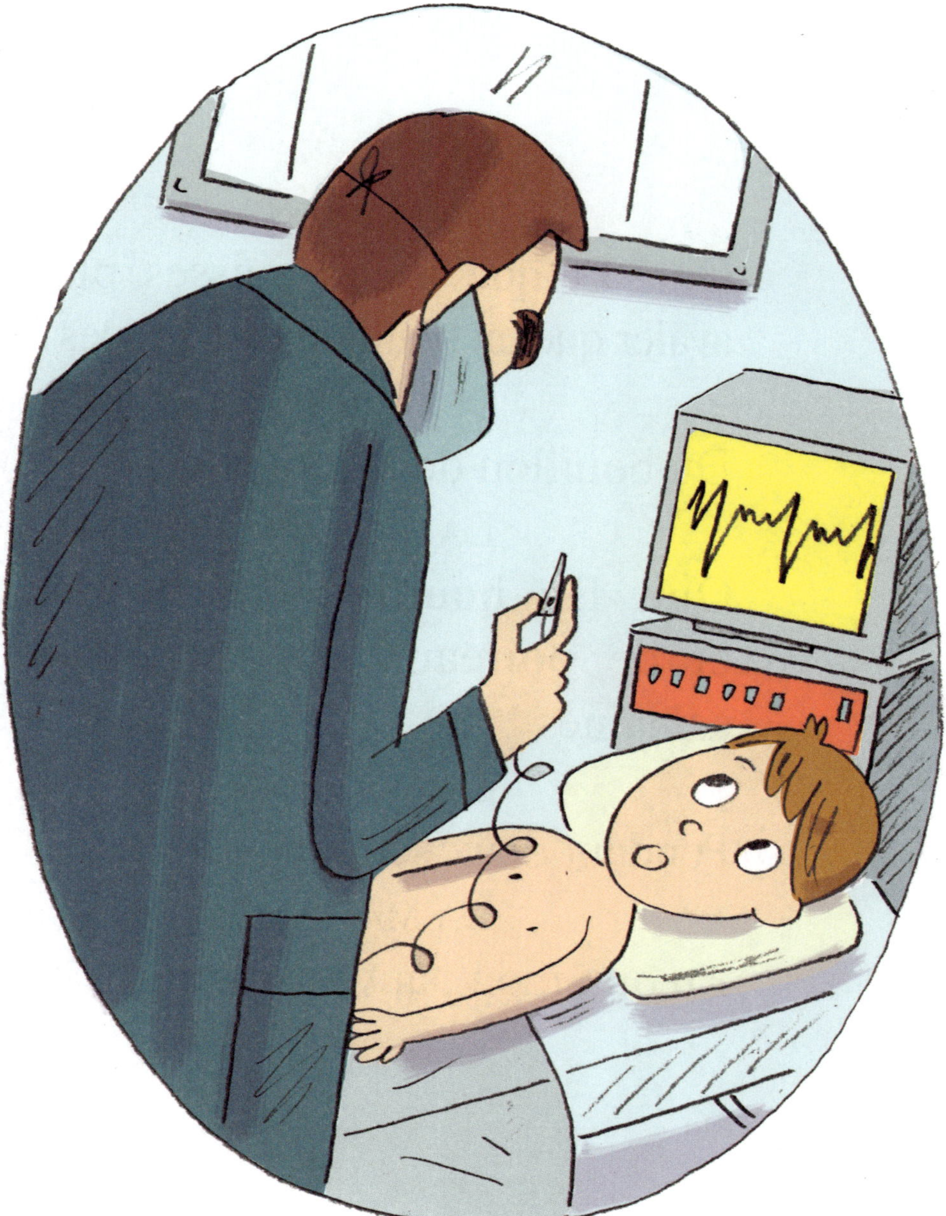

LA MAMAN

Oui. Et que tu ne puisses plus avaler que du bouillon de légumes !

LE GARÇON

Du bouillon de légumes ?

LA MAMAN

Oui. Du bouillon de carottes et de poireaux pendant deux semaines !

LE GARÇON

Pendant deux semaines ?

LA MAMAN

Eh oui, mon pauvre garçon…

*Le garçon, affolé, tire sa mère par la manche.*

LE GARÇON

Bon, m'man. Faisons les devoirs !

LA MAMAN

Bien. Mais avant, je vais arroser les fleurs du balcon.

LE GARÇON

Non, m'man. Tout de suite, par pitié ! On fait les devoirs tout de suite !

**par pitié :** s'il te plaît

*La maman soupire un grand coup et sourit.*

LA MAMAN

Bien. Je préfère tellement t'aider à faire tes devoirs plutôt que de t'emmener à l'hôpital !

LE GARÇON

Moi aussi, m'man. Je préfère tellement faire mes devoirs plutôt que d'aller à l'hôpital !

Conte traditionnel anglais

# Jack et le Haricot magique

Illustré par Sylvie Rainaud

Il était une fois une pauvre veuve qui avait un fils, Jack. Celui-ci n'aidait pas sa mère car il était paresseux. Il préférait rester allongé devant la cheminée toute la journée.

**une veuve :** une femme dont le mari est mort

**paresseux :** quelqu'un qui déteste travailler

« Tu ne fais jamais rien, lui disait-elle toujours, et quand tu fais quelque chose, tu le fais mal ! »

**un bien :** quelque chose que l'on possède

Ils n'avaient pas d'argent, et leur seul bien était une vieille vache. Un jour, la mère de Jack lui dit : « Jack, emmène la vache au marché et vends-la au meilleur prix. »

Le marché était loin et Jack n'avait pas envie d'y aller, mais il n'avait pas le choix. Il attacha la vache avec une corde et partit sans se presser.

En chemin, il rencontra un homme.
« Ta vache a l'air bien vieille, dit l'homme. Où l'emmènes-tu ?
– Au marché, pour la vendre, dit Jack.
– Tu n'en obtiendras pas grand-chose, dit l'homme. Combien en demandes-tu ?
– Combien en offrez-vous ? » demanda Jack.

**une carne :** de la mauvaise viande

**un sou :** une ancienne pièce de monnaie

L'homme sortit quelque chose de sa poche.

« Cinq haricots, tu n'en tireras guère plus de cette vieille carne au marché.

– Peut-être, dit Jack, mais ma mère va être furieuse si je reviens avec cinq haricots. Cinq sous seraient déjà mieux.

– Mais ce sont des haricots magiques, dit l'homme. Ils feront ta fortune !

– Affaire conclue ! » dit Jack qui n'avait pas tellement envie d'aller jusqu'au marché avec la vache.

L'homme lui donna donc les cinq haricots. Jack lui laissa la vache et repartit chez lui.

« Déjà de retour ? s'étonna sa mère. Combien as-tu obtenu pour la vache ? »
Jack sortit les haricots de sa poche et les montra à sa mère.
« Des haricots ! cria-t-elle. Cinq haricots ! Espèce de bon à rien ! »

Elle jeta les haricots par la fenêtre puis envoya Jack au lit. Il n'eut même pas le temps d'expliquer que les haricots étaient magiques.

Le matin suivant, quand Jack se réveilla, la maison était sombre, comme s'il faisait encore nuit. Quelque chose obstruait la fenêtre. Jack courut dehors et vit une immense tige de haricot qui avait poussé jusqu'aux nuages.

« Ils étaient bien magiques ! se dit Jack. Je me demande ce qu'il y a là-haut. » Et il commença de grimper le long de la tige.

**obstruer :** boucher

**une tige :** la partie mince et allongée d'une fleur ou d'une plante, qui porte les feuilles

**mener :** conduire

Jack grimpa, grimpa jusqu'en haut. Là, il vit un sentier qui menait à travers les nuages à un énorme château. Jack frappa à la porte.

Une grosse femme ouvrit.
« Que viens-tu faire par ici ? demanda-t-elle. Ignores-tu que cette demeure est celle d'un géant qui mange les petits enfants ?
– Je suis monté si haut que je suis fatigué et assoiffé.
– Entre, dit la femme, mais il ne faut pas que tu restes longtemps. »

**ignorer :** ne pas savoir

**une demeure :** une grande maison

**assoiffé :** qui a soif

Jack entra dans le château. Il bavardait avec la femme quand ils entendirent un bruit de pas sur le chemin.

« C'est mon mari, dit la femme. Vite, cache-toi ! »
Jack sauta dans une grande marmite et replaça le couvercle par-dessus lui. La porte s'ouvrit, et le géant entra. Il renifla l'air et dit :
« Hum, je sens la chair humaine… Vivant ou mort, je vais lui broyer les os pour en faire du pain !
– Allons, dit la femme, il n'y a personne ici. Maintenant, assieds-toi et mange ton dîner. »

**une marmite :** un grand récipient avec un couvercle, dans lequel on fait cuire les aliments

**la chair :** la viande

**broyer :** écraser

**une bourse :** un petit sac qui sert à contenir des pièces de monnaie

Le géant s'assit et mangea son dîner. Puis il alla chercher une bourse usée et la renversa sur la table. Un gros tas d'or en tomba. Le géant referma la bourse, puis il la rouvrit : elle était à nouveau remplie d'or !

En voyant cela, Jack, qui regardait par-dessous le couvercle, pensa : « Si ma mère et moi avions cette bourse, nous ne serions plus pauvres. » Il décida de prendre cette bourse et de retourner chez lui, advienne que pourra.
Il attendit que le géant enlevât ses bottes et partît se coucher. Alors, Jack rampa hors de la marmite, saisit la bourse et se sauva à toutes jambes.

**advienne que pourra :**
peu importent les conséquences

**ramper :**
avancer en se traînant sur le ventre

**à toutes jambes :**
à toute vitesse

**en trombe :** très vite

Il sortit en trombe du château, courut tout le long du chemin, descendit le long de la tige de haricot et arriva à la maison en criant :

« Maman, maman, regarde ! »

La mère de Jack fut très surprise de voir que son fils avait pu accomplir cet exploit.

Elle regarda la bourse et dit :

« Maintenant, nous ne serons plus jamais pauvres. Promets-moi que tu ne regrimperas plus à la tige de haricot. C'est trop dangereux ! »

Jack promit. Avec l'argent de la bourse, ils vécurent plus heureux qu'avant, mais Jack n'arrivait pas à oublier le château.

Un jour que sa mère était partie, il remonta le long de la tige de haricot. Quand Jack frappa à la porte du château, la femme du géant ouvrit et lui dit :
« Encore toi ! Si le géant te trouve ici, il te mangera tout cru !
– Je serai parti bien avant son retour, dit Jack. Mais j'aimerais bien m'asseoir un peu et avoir quelque chose à manger et à boire. La route était si longue ! »

La gentille femme le fit entrer. Comme Jack voulait attendre le géant, il bavarda sans répit avec elle. Bientôt, ils entendirent les pas du géant. Jack courut se cacher dans le placard sous l'évier.

**sans répit :** sans arrêt

« Hum, hum, je sens la chair humaine… Mort ou vivant, je vais prendre son sang pour agrémenter mon pain !

**agrémenter :** ajouter quelque chose pour que ce soit meilleur

– Allons, dit la femme du géant. Il n'y a personne ici. Mange ton dîner, grand bêta. »

Le géant s'assit et mangea son dîner. Quand il eut fini, il fit apporter une jolie petite poule rousse. Il lui caressa doucement les plumes, et la poule pondit des œufs ; pas des œufs ordinaires, mais des œufs tout en or.

Jack attendit que le géant fût endormi près du feu. Puis il rampa hors de son placard, saisit la poule et se sauva en vitesse. Il sortit en trombe du château, courut tout le long du chemin, descendit le long de la tige de haricot et arriva à la maison en criant :

« Maman, maman, regarde ! »

Quand la mère de Jack vit la poule et les œufs, elle put à peine en croire ses yeux. Elle lui fit promettre, bien promettre de ne jamais remonter le long de la tige de haricot. Jack promit.
Avec l’or de la bourse et les œufs d’or de la poule, ils étaient riches. Mais Jack ne pouvait oublier le château. Il grimpa de nouveau le long du haricot.

Quand la femme du géant ouvrit la porte et vit qui était là, elle s'écria : « Va-t'en ! Je ne veux pas te laisser entrer. »

Mais c'était une gentille femme, et Jack la persuada finalement de le laisser entrer. Ils commencèrent à parler, à parler et, soudain, ils entendirent le mari qui revenait. Jack se dissimula dans la baignoire.

**persuader :** convaincre

**se dissimuler :** se cacher

Le géant entra et renifla :

« Hum, hum, je sens la chair humaine…

– Assez de bêtises, dit la femme. Assieds-toi et mange ton dîner. »

Quand le géant eut mangé son dîner, il alla chercher une harpe en or.
« Joue pour moi, harpe ! » dit-il.
Et la harpe se mit à jouer toute seule une musique merveilleuse.

**une harpe :** un grand instrument de musique de forme triangulaire avec des cordes que l'on pince

Jack attendit que le géant s'endormît près du feu, puis il rampa hors de la baignoire, saisit la harpe et se sauva à toutes jambes. Mais, pendant sa course, la harpe criait : « Maître ! Maître ! » Le géant s'éveilla, sauta sur ses pieds et courut à grandes enjambées après Jack.

**à grandes enjambées :** à grands pas

Jack atteignit la tige de haricot et commença à descendre aussi vite qu'il le pouvait. Mais le géant arrivait et il commença à descendre derrière Jack.

Jack atteignit le sol le premier. Il laissa tomber la harpe et s'empara d'une hache dont sa mère se servait pour couper le bois. Il commença à cogner sur la tige de haricot. Il cogna, cogna, cogna... et, finalement, le haricot tomba et avec lui le géant. Dans un grand « crac », le géant atterrit sur la tête et ce fut sa fin.

**s'emparer de :** prendre violemment

**cogner :** frapper de toutes ses forces

Jack et sa mère avaient donc la bourse d'or, la poule qui pondait des œufs en or et la harpe qui jouait toute seule. Ils vécurent ainsi heureux le reste de leurs jours.

Si tu as aimé ***Le Bonhomme de pain d'épice***, tu aimeras aussi :

***Roule galette…***

de Natha Caputo

Père Castor – Flammarion

Une galette s'enfuit par la fenêtre et se sauve sur le chemin. Elle roule, roule, chantonne et échappe à la convoitise d'un lapin, d'un ours, d'un loup. Mais échappera-t-elle au renard malin ?

Si tu as aimé ***Un roi tout nu***, tu aimeras aussi :

***Nuno le petit roi***

de Mario Ramos

Pastel

Le père de Numo meurt, écrasé par un rocher. Le petit lion se retrouve seul et doit endosser la lourde responsabilité du roi des animaux. Mais le petit roi semble bien souvent dépassé. Il est bien difficile d'avoir du pouvoir sur de drôles de sujets…

Si tu as aimé ***Gros Mensonge***, tu aimeras aussi :

***Ouh ! la menteuse !***

de Leslie Bedos

Dans *Le Bibliobus CP/CE1 n°12* – Hachette Éducation

Margot n'arrête pas d'inventer des histoires. Mais cela ne plaît décidément ni à ses parents, ni à sa maîtresse. Un matin, Margot hurle qu'elle ne se sent pas bien du tout. Peut-on la croire cette fois-ci ?

Si tu as aimé ***Jack et le Haricot magique***, tu aimeras aussi :

***Le Petit Poucet***

de Charles Perrault

Dans *Mes Plus Beaux Contes d'Andersen et de Perrault* – Hachette Jeunesse

L'histoire du courageux Petit Poucet qui va sauver ses six frères, abandonnés par leurs parents, de la convoitise d'un méchant ogre…

# Table

Achevé d'imprimer en Slovaquie par Polygraf
Dépôt légal: Avril 2018 - Collection n° 73 - Édition 11
11/7344/2